AF380526

Richard Wagner

Parsifal - Die beliebtesten Opern

e-artnow 2018

Jean Baptiste Molière
Gesammelte Werke: Lustspiele und Tragikomödien

Richard Wagner
Der Ring des Nibelungen

Dante Alighieri
Die göttliche Komödie

Christian Dietrich Grabbe
Hannibal

Achim von Arnim
Das Frühlingsfest (Nachspiel)

Richard Wagner
Tannhäuser

Wolfgang Amadeus Mozart, Emanuel Schikaneder
Die Zauberflöte - Die beliebtesten Opern

Arthur Schnitzler
Professor Bernhardi

Ludwig Tieck
Der gestiefelte Kater

Pierre de Beaumarchais
Figaro's Hochzeit: Ein toller Tag

Richard Wagner

Parsifal - Die beliebtesten Opern

Die Legende um den Heiligen Gral

e-artnow, 2018
Kontakt: info@e-artnow.org

ISBN 978-80-268-8732-4

Inhaltsverzeichnis

Personen   11

ERSTER AUFZUG   12

ZWEITER AUFZUG   28

DRITTER AUFZUG   42

Personen

AMFORTAS (Bariton)
  TITUREL (Bass)
  GURNEMANZ (Bass)
  PARSIFAL (Tenor)
  KLINGSOR (Bass)
  KUNDRY (Sopran oder Mezzosopran)
  Zwei GRALSRITTER (Tenor und Bass)
  Vier KNAPPEN (Sopran und Tenor)
  Klingsors ZAUBERMÄDCHEN (Sopran / Alt)
  STIMME AUS DER HÖHE (Alt)

CHOR

Die Brüderschaft der Gralsritter (Tenor und Bass)
Jünglinge und Knaben (Tenor, Alt und Sopran)

ERSTER AUFZUG

Im Gebiet des Grales. – Wald, schattig und ernst, doch nicht düster. Eine Lichtung in der Mitte. Links aufsteigend wird der Weg zur Gralsburg angenommen. Der Mitte des Hintergrundes zu senkt sich der Boden zu einem tiefer gelegenen Waldsee hinab. – Tagesanbruch. – Gurnemanz (rüstig greisenhaft) und zwei Knappen (von zartem Jünglingsalter) sind schlafend unter einem Baume gelagert. – Von der linken Seite, wie von der Gralsburg her, ertönt der feierliche Morgenweckruf der Posaunen

GURNEMANZ
erwachend und die Knaben rüttelnd
He! Ho! Waldhüter ihr, –
Schlafhüter mitsammen, –
so wacht doch mindest am Morgen.
Die beiden Knappen springen auf Hört ihr den Ruf? Nun danket Gott,

dass ihr berufen, ihn zu hören!
Er senkt sich mit den Knappen auf die Knie und verrichtet mit ihnen gemeinschaftlich stumm das Morgengebet; sobald die Posaunen schweigen, erheben sie sich langsam Jetzt auf, ihr Knaben! Seht nach

dem Bad.
Zeit ist's, des Königs dort zu harren.
Er blickt nach links in die Szene Dem Siechbett, das ihn trägt, voraus

seh ich die Boten schon uns nahn.
Zwei Ritter treten, von der Burg her, auf Heil euch! – Wie geht's Amfortas heut?

Wohl früh verlangt er nach dem Bade:
das Heilkraut, das Gawan
mit List und Kühnheit ihm gewann,
ich wähne, dass das Lind'rung schuf?

ZWEITER RITTER
Das wähnest du, der doch Alles weiss?
Ihm kehrten sehrender nur
die Schmerzen bald zurück: –
schlaflos von starken Bresten,
befahl er eifrig uns das Bad.

GURNEMANZ
das Haupt traurig senkend
Toren wir, auf Lind'rung da zu hoffen,
wo einzig Heilung lindert! –
Nach allen Kräutern, allen Tränken forscht
und jagt weit durch die Welt –:
ihm hilft nur Eines, –
nur der Eine!

ZWEITER RITTER
So nenn uns den!

GURNEMANZ
ausweichend
Sorgt für das Bad!
Die beiden Knappen haben sich dem Hintergrunde zugewendet und blicken nach rechts

ZWEITER KNAPPE

Seht dort die wilde Reiterin!

ERSTER KNAPPE

Hei!
Wie fliegen der Teufelsmähre die Mähnen!

ZWEITER RITTER

Ha! Kundry dort?

ERSTER RITTER

Die bringt wohl wicht'ge Kunde?

ZWEITER KNAPPE

Die Mähre taumelt.

ERSTER KNAPPE

Flog sie durch die Luft?

ZWEITER KNAPPE

Jetzt kriecht sie am Boden hin.

ERSTER KNAPPE

Mit den Mähnen fegt sie das Moos.

Alle blicken lebhaft nach der rechten Seite.

ZWEITER RITTER

Da schwingt sich die Wilde herab!

Kundry stürzt hastig, fast taumelnd, herein. Wilde Kleidung, hoch geschürzt; Gürtel von Schlangenhäuten lang herabhängend: schwarzes, in losen Zöpfen flatterndes Haar; tief braunrötliche Gesichtsfarbe; stechende schwarze Augen, zuweilen wild aufblitzend, öfters wie todesstarr und unbeweglich. – Sie eilt auf Gurnemanz zu und dringt ihm ein kleines Kristallgefäss auf

KUNDRY

Hier? Nimm du! – Balsam...

GURNEMANZ

Woher brachtest du dies?

KUNDRY

Von weiter her, als du denken kannst:
hilft der Balsam nicht,
Arabia birgt dann
nichts mehr zu seinem Heil. –
Frag nicht weiter! – Ich bin müde.

Sie wirft sich an den Boden. Ein Zug von Knappen und Rittern, die Sänfte tragend und geleitend, in welcher Amfortas ausgestreckt liegt, gelangt – von links her – auf die Bühne. – Gurnemanz hat sich, von Kundry ab, sogleich den Ankommenden zugewendet

GURNEMANZ

Er naht – sie bringen ihn getragen. –
O weh! Wie trag ich's im Gemute,
in seiner Mannheit stolzer Blüte
des siegreichsten Geschlechtes Herrn
als seines Siechtums Knecht zu sehn!
zu den Knappen
Behutsam! Hört, der König stöhnt.

Die Knappen halten an und stellen das Siechbett nieder

AMFORTAS

der sich ein wenig erhoben
Recht so! Habt Dank! – Ein wenig Rast.
Nach wilder Schmerzensnacht –
nun Waldes Morgenpracht!
Im heil'gen See

wohl labt mich auch die Welle:
es staunt das Weh,
die Schmerzensnacht wird helle.
Gawan!

ZWEITER RITTER

Herr! Gawan weilte nicht;
da seines Heilkrauts Kraft,
wie schwer er's auch errungen,
doch deine Hoffnung trog,
hat er auf neue Sucht sich fortgeschwungen.

AMFORTAS

Ohn Urlaub! – Möge das er sühnen,
dass schlecht er Grals-Gebote hält!
O wehe ihm, dem trotzig Kühnen,
wenn er in Klingsors Schlingen fällt! –
So breche Keiner mir den Frieden!
Ich harre des, der mir beschieden:
»durch Mitleid wissend« –
war's nicht so? –

GURNEMANZ

Uns sagtest du es so.

AMFORTAS

– »der reine Tor –«
Mich dünkt ihn zu erkennen:
dürft ich den Tod ihn nennen!

GURNEMANZ

indem er Amfortas das Fläschchen Kundrys überreicht
Doch zuvor – versuch es noch mit diesem!

MFORTAS

Woher dies heimliche Gefäss?

GURNEMANZ

Dir ward es aus Arabia hergeführt.

AMFORTAS

Und wer gewann es?

GURNEMANZ

Dort liegt's, das wilde Weib.
Auf, Kundry! Komm!

Kundry weigert sich und bleibt am Boden

AMFORTAS

Du – Kundry?
Muss ich dir nochmals danken,
du rastlos scheue Magd?
Wohlan,
den Balsam nun versuch ich noch:
es sei aus Dank für deine Treue.

KUNDRY

unruhig und heftig am Boden sich bewegend
Nicht Dank! – Ha ha! – was wird er helfen!
Nicht Dank! Fort, fort – in's Bad!

*Amfortas gibt das Zeichen zum Aufbruch; der Zug entfernt sich nach dem tieferen Hintergrunde
zu. – Gurnemanz, schwermütig nachblickend, und Kundry, fortwährend auf dem Boden gelagert,
sind zurückgeblieben. – Knappen gehen ab und zu*

DRITTER KNAPPE
He! Du da!
Was liegst du dort wie ein wildes Tier?
KUNDRY
Sind die Tiere hier nicht heilig?
DRITTER KNAPPE
Ja –! Doch ob heilig du,
das wissen wir grad noch nicht.
VIERTER KNAPPE
Mit ihrem Zaubersaft – wähn ich –
wird sie den Meister vollends verderben.
GURNEMANZ
Hm! Schuf sie euch Schaden je? –
Wann Alles ratlos steht,
wie kämpfenden Brüdern in fernste Länder
Kunde sei zu entsenden,
und kaum ihr nur wisst wohin, –
wer, ehe ihr euch nur besinnt,
stürmt und fliegt dahin und zurück,
der Botschaft pflegend mit Treu und Glück?
Ihr nährt sie nicht, – sie naht euch nie,
nichts hat sie mit euch gemein:
doch, wann's in Gefahr der Hilfe gilt,
der Eifer führt sie schier durch die Luft,
die nie euch dann zum Danke ruft.
Ich wähne, ist dies Schaden,
so tät er euch gut geraten.
DRITTER KNAPPE
Doch hasst sie uns;
sieh nur, wie hämisch dort nach uns sie blickt!
VIERTER KNAPPE
Eine Heidin ist's, ein Zauberweib.
GURNEMANZ
Ja, eine Verwünschte mag sie sein.
Hier lebt sie heut,
vielleicht erneut,
zu büssen Schuld aus früh'rem Leben,
die dorten ihr noch nicht vergeben.
Übt sie nun Buss in solchen Taten,
die uns Ritterschaft zum Heil geraten,
gut tut sie dann und recht sicherlich,
dienet uns – und hilft auch sich.
DRITTER KNAPPE
So ist's wohl auch jen' ihre Schuld,
die uns so manche Not gebracht?
GURNEMANZ
sich besinnend
Ja, – wann oft lange sie uns ferne blieb,
dann brach ein Unglück wohl herein.
Und lang schon kenn ich sie;
doch Titurel kennt sie noch länger.
Der fand, als er die Burg dort baute,

sie schlafend hier im Waldgestrüpp –
erstarrt, leblos, wie tot.
So fand ich selbst sie letztlich wieder,
als uns das Unheil kaum geschehn,
das jener Böse über den Bergen
so schmählich über uns gebracht.
zu Kundry
He! Du! Hör mich und sag:
wo schweiftest damals du umher,
als unser Herr den Speer verlor?
Kundry schweigt düster
Warum halfst du uns damals nicht?

KUNDRY

Ich helfe nie.

VIERTER KNAPPE

Sie sagt's da selbst.

DRITTER KNAPPE

Ist sie so treu, so kühn in Wehr,
so sende sie nach dem verlor'nen Speer!

GURNEMANZ

düster
Das ist ein And'res,
jedem ist's verwehrt. –
mit grosser Ergriffenheit Oh, wundenwundervoller,

heiliger Speer!
Dich sah ich schwingen
von unheiligster Hand!
in Erinnerung sich verlierend Mit ihm bewehrt, Amfortas, Allzukühner,

wer mochte dir es wehren
den Zaub'rer zu beheeren?
Schon nah dem Schloss – wird uns der Held entrückt:
ein furchtbar schönes Weib hat ihn entzückt;
in seinen Armen liegt er trunken,
der Speer – ist ihm entsunken.
Ein Todesschrei! – Ich stürm herbei:
von dannen Klingsor lachend schwand:
den heil'gen Speer hat' er entwandt.
Des Königs Flucht gab kämpfend ich Geleite;
doch – eine Wunde brannt ihm in der Seite,
die Wunde ist's, die nie sich schliessen will. –
Der erste und zweite Knappe kommen vom See her zurück

DRITTER KNAPPE

zu Gurnemanz
So kanntest du Klingsor?

GURNEMANZ

zu den zurückkommenden beiden Knappen
Wie geht's dem König?

ERSTER KNAPPE

Ihn frischt das Bad.

ZWEITER KNAPPE
Dem Balsam wich das Weh.
GURNEMANZ
für sich
Die Wunde ist's, die nie sich schliessen will! –
Der dritte und der vierte Knappe hatten sich zuletzt schon zu Gurnemanz' Füssen niedergesetzt; die beiden anderen gesellen sich jetzt in gleicher Weise zu ihnen unter dem grossen Baum
DRITTER KNAPPE
Doch, Väterchen, sag und lehr uns fein:
du kanntest Klingsor, – wie mag das sein?
GURNEMANZ
Titurel, der fromme Held,
der kannt ihn wohl.
Denn ihm, da wilder Feinde List und Macht
des reinen Glaubens Reich bedrohten,
ihm neigten sich, in heilig ernster Nacht,
dereinst des Heilands selige Boten:
daraus er trank beim letzten Liebesmahle,
das Weihgefäss, die heilig edle Schale,
darein am Kreuz sein göttlich Blut auch floss,
dazu den Lanzenspeer, der dies vergoss, –
der Zeugengüter höchstes Wundergut,
das gaben sie in unsres Königs Hut.
Dem Heiltum baute er das Heiligtum.
Die seinem Dienst ihr zugesindet
auf Pfaden, die kein Sünder findet, –
ihr wisst, dass nur dem Reinen
vergönnt ist sich zu einen
den Brüdern, die zu höchsten Rettungswerken
des Grales Wunderkräfte stärken. –
Drum blieb es dem, nach dem ihr fragt, verwehrt,
Klingsorn – wie hart ihn Müh auch drob beschwert.
Jenseits im Tale war er eingesiedelt;
darüber hin liegt üpp'ges Heidenland: –
unkund blieb mir, was dorten er gesündigt;
doch wollt er büssen nun, ja – heilig werden.
Ohnmächtig, in sich selbst die Sünde zu ertöten,
an sich legt er die Frevlerhand,
die nun, dem Grale zugewandt,
verachtungsvoll des Hüter von sich stiess.
Darob die Wut nun Klingsorn unterwies,
wie seines schmähl'chen Opfers Tat
ihm gäb zu bösem Zauber Rat: –
den fand er nun.
Die Wüste schuf er sich zum Wonnegarten;
drin wachsen teuflisch holde Frauen,
dort will des Grales Ritter er erwarten
zu böser Lust und Höllengrauen:
wen er verlockt, hat er erworben,
schon Viele hat er uns verdorben. –
Da Titurel, in hohen Alters Mühen,
dem Sohn die Herrschaft hier verliehen,

Amfortas liess es da nicht ruhn
der Zauberplag' Einhalt zu tun.
Das wisst ihr, wie es da sich fand:
der Speer ist nun in Klingsors Hand;
kann er selbst Heilige mit ihm verwunden,
den Gral auch wähnt er fest schon uns entwunden!

Kundry hat sich, in wütender Unruhe, oft heftig umgewendet

VIERTER KNAPPE

Vor Allem nun, der Speer kehr uns zurück!

DRITTER KNAPPE

Ha! wer ihn brächt, ihm wär's zu Ruhm und Glück?

GURNEMANZ

nach einem Schweigen

Vor dem verwaisten Heiligtum
in brünst'gem Beten lag Amfortas,
ein Rettungszeichen bang erflehend: –
ein sel'ger Schimmer da entfloss dem Grale;
ein heilig Traumgesicht
nun deutlich zu ihm spricht
durch hell erschauter Wortezeichen Male:
»durch Mitleid wissend,
der reine Tor,
harre sein,
den ich erkor!«

DIE VIER KNAPPEN

»Durch Mitleid wissend,
der reine Tor –«

Vom See her vernimmt man Geschrei und das Rufen der Ritter und Knappen. – Gurnemanz und die vier Knappen fahren auf und wenden sich erschreckt um

RITTER UND KNAPPEN

Weh! Weh! – Hoho!
Auf! – Wer ist der Frevler?

GURNEMANZ

Was gibt's?

Ein wilder Schwan flattert matten Fluges vom See daher: die Knappen und Ritter folgen ihm nach auf die Szene

VIERTER KNAPPE

Dort!

DRITTER KNAPPE

Hier!

ZWEITER KNAPPE

Ein Schwan!

VIERTER KNAPPE

Ein wilder Schwan!

ALLE RITTER UND KNAPPEN

Er ist verwundet.
Ha, wehe! Weh!

GURNEMANZ

Wer schoss den Schwan?

Der Schwan sinkt, nach mühsamem Fluge, matt zu Boden; der zweite Ritter zieht ihm den Pfeil aus der Brust

ERSTER RITTER

Der König grüsste ihn als gutes Zeichen,
als überm See kreiste der Schwan:
da flog ein Pfeil...

KNAPPEN UND RITTER

Parsifal hereinführend
Der war's! Der schoss!
auf Parsifals Bogen weisend
Dies der Bogen!

ZWEITER RITTER

den Pfeil aufweisend
Hier der Pfeil, dem seinen gleich.

GURNEMANZ

Bist du's, der diesen Schwan erlegte?

PARSIFAL

Gewiss! Im Fluge treff ich, was fliegt!

GURNEMANZ

Du tatest das? Und bangt es dich nicht vor der Tat?

DIE KNAPPEN UND RITTER

Strafe den Frevler!

GURNEMANZ

Unerhörtes Werk! –
Du konntest morden, – hier, im heil'gen Walde,
des stiller Frieden dich umfing?
Des Haines Tiere nahten dir nicht zahm?
Grüssten dich freundlich und fromm?
Aus den Zweigen was sangen die Vöglein dir?
Was tat dir der treue Schwan?
Sein Weibchen zu suchen flog der auf,
mit ihm zu kreisen über dem See,
den so er herrlich weihte zum Bad. –
Dem stauntest du nicht? ... Dich lockt es nur
zu wild kindischem Bogengeschoss?
Er war uns hold: was ist er nun dir?
Hier, – schau her! – hier trafst du ihn; –
da starrt noch das Blut, matt hängen die Flügel; –
das Schneegefieder dunkel befleckt?
Gebrochen das Aug' – siehst du den Blick?
*Parsifal hat Gurnemanz mit wachsender Ergriffenheit zugehört: jetzt zerbricht er seinen Bogen und
schleudert die Pfeile von sich*
Wirst deiner Sündentat du inne?
Parsifal führt die Hand über die Augen
Sag, Knab' – erkennst du deine grosse Schuld?
Wie konntest du sie begehn?

PARSIFAL

Ich wusste sie nicht.

GURNEMANZ

Wo bist du her?

PARSIFAL

Das weiss ich nicht.

GURNEMANZ

Wer ist dein Vater?

PARSIFAL

Das weiss ich nicht.

GURNEMANZ

Wer sandte dich dieses Weges?

PARSIFAL

Das weiss ich nicht.

GURNEMANZ

Dein Name denn?

PARSIFAL

Ich hatte viele,
doch weiss ich ihrer keinen mehr.

GURNEMANZ

Das weisst du Alles nicht?

für sich

So dumm wie den
erfand bisher ich Kundry nur!

zu den Knappen, deren sich immer mehre versammelt haben

Jetzt geht!
Versäumt den König im Bade nicht! – Helft! –

Die Knappen heben den toten Schwan ehrerbietig auf eine Bahre von frischen Zweigen, und entfernen sich mit ihm dann nach dem See zu. – Schliesslich bleiben Gurnemanz, Parsifal und – abseits – Kundry allein zurück

GURNEMANZ

wendet sich wieder zu Parsifal

Nun sag: nichts weisst du, was ich dich frage;
jetzt meld, was du weisst;
denn etwas musst du doch wissen.

PARSIFAL

Ich hab eine Mutter; Herzeleide sie heisst.
Im Wald und auf wilder Aue waren wir heim.

GURNEMANZ

Wer gab dir den Bogen?

PARSIFAL

Den schuf ich mir selbst
vom Forst die wilden Adler zu verscheuchen.

GURNEMANZ

Doch adelig scheinst du selbst und hochgeboren:
warum nicht liess deine Mutter
bessere Waffen dich lehren?

Parsifal schweigt

KUNDRY

welche während der Erzählung des Gurnemanz von Amfortas' Schicksal oft in wütender Unruhe heftig sich umgewendet hatte, nun aber, immer in der Waldecke gelagert, den Blick scharf auf Parsifal gerichtet hat, ruft jetzt, da Parsifal schweigt, mit rauher Stimme daher

Den Vaterlosen gebar die Mutter,
als im Kampf erschlagen Gamuret;
vor gleichem frühem Heldentod
den Sohn zu wahren, waffenfremd
in Öden erzog sie ihn zum Toren: –
die Törin!

Sie lacht

PARSIFAL

der mit jäher Aufmerksamkeit zugehört

Ja! Und einst am Waldessaume vorbei,
auf schönen Tieren sitzend,
kamen glänzende Männer;
ihnen wollt ich gleichen:
sie lachten und jagten davon.
Nun lief ich nach, doch konnte sie nicht erreichen. –
Durch Wildnisse kam ich, bergauf, talab;
oft ward es Nacht, dann wieder Tag:
mein Bogen musste mir frommen
gegen Wild und grosse Männer...

KUNDRY

hat sich erhoben und ist zu den Männern getreten; eifrig:

Ja! Schächer und Riesen traf seine Kraft;
den freislichen Knaben fürchten sie Alle.

PARSIFAL

verwundert

Wer fürchtet mich? Sag!

KUNDRY

Die Bösen.

PARSIFAL

Die mich bedrohten, waren sie bös?

Gurnemanz lacht

Wer ist gut?

GURNEMANZ

wieder ernst

Deine Mutter, – der du entlaufen,
und die um dich sich nun härmt und grämt.

KUNDRY

Zu End ihr Gram: seine Mutter ist tot.

PARSIFAL

in furchtbarem Schrecken

Tot? Meine Mutter? – Wer sagt's?

KUNDRY

Ich ritt vorbei, und sah sie sterben: –
dich Toren hiess sie mich grüssen.

Parsifal springt wütend auf Kundry zu und fasst sie bei der Kehle. – Gurnemanz hält ihn zurück

GURNEMANZ

Verrückter Knabe! Wieder Gewalt?

Nachdem Gurnemanz Kundry befreit, steht Parsifal lange wie erstarrt

Was tat dir das Weib? Es sagte wahr,
denn nie lügt Kundry – doch sah sie viel.

PARSIFAL

gerät in ein heftiges Zittern

Ich verschmachte!...

Kundry ist sogleich, als sie Parsifals Zustand gewahrte, nach einem Waldquell geeilt, bringt jetzt Wasser in einem Horne, besprengt damit zunächst Parsifal, und reicht ihm dann zu trinken

GURNEMANZ

So recht! So nach des Grales Gnade:
das Böse bannt, wer's mit Gutem vergilt.

KUNDRY

düster

Nie tu ich Gutes: –

Sie wendet sich traurig ab, und während Gurnemanz sich väterlich um Parsifal bemüht, schleppt sie sich, von Beiden unbeachtet, einem Waldgebüsche zu

nur Ruhe will ich,

nur Ruhe – ach! – der Müden.

Schlafen! – Oh, dass mich keiner wecke!

scheu auffahrend Nein! – Nicht schlafen! – Grausen fasst mich!

Sie verfällt in heftiges Zittern; dann lässt sie die Arme matt sinken

Machtlose Wehr! Die Zeit ist da.

Schlafen – schlafen – ich muss! –

Sie sinkt hinter dem Gebüsch zusammen und bleibt von jetzt an unbemerkt. – Vom See her gewahrt man Bewegung und endlich den im Hintergrunde sich heimwendenden Zug der Ritter und Knappen mit der Sänfte

GURNEMANZ

Vom Bade kehrt der König heim;

hoch steht die Sonne:

nun lass zum frommen Mahle mich dich geleiten;

denn bist du rein,

wird nun der Gral dich tränken und speisen.

Gurnemanz hat Parsifals Arm sich sanft um den Nacken gelegt, und dessen Leib mit seinem eigenen Arme umschlungen; so geleitet er ihn bei sehr allmählichem Schreiten. – Hier hat die unmerkliche Verwandelung der Bühne bereits begonnen

PARSIFAL

Wer ist der Gral?

GURNEMANZ

Das sagt sich nicht;

doch, bist du selbst zu ihm erkoren,

bleibt dir die Kunde unverloren.

Und sieh! –

Mich dünkt, dass ich dich recht erkannt:

kein Weg führt zu ihm durch das Land,

und Niemand könnte ihn beschreiten,

den er nicht selber möcht geleiten.

PARSIFAL

Ich schreite kaum,

doch wähn ich mich schon weit.

GURNEMANZ

Du siehst, mein Sohn,

zum Raum wird hier die Zeit.

Allmählich, während Gurnemanz und Parsifal zu schreiten scheinen, hat sich die Szene bereits immer merklicher verwandelt; es verschwindet so der Wald, und in Felsenwänden öffnet sich ein Torweg, welcher die Beiden jetzt einschliesst

GURNEMANZ

Jetzt achte wohl, und lass mich sehn:

bist du ein Tor und rein,

welch Wissen dir auch mag beschieden sein. –

Durch aufsteigende gemauerte Gänge führend, hat die Szene sich vollständig verwandelt: Gurnemanz und Parsifal treten jetzt in den mächtigen Saal der Gralsburg ein. – Szene: Säulenhalle mit Kuppelgewölbe, den Speiseraum überdeckend. Auf beiden Seiten des Hintergrundes werden die Türen geöffnet: von rechts schreiten die Ritter des Grales herein und reihen sich um die Speisetafeln

DIE GRALSRITTER

Zum letzten Liebesmahle.
gerüstet Tag für Tag,
Ein Zug von Knappen durchschreitet schnelleren Schrittes die Szene nach hinten zu gleich ob zum

letzten Male
es heut ihn letzen mag.
Ein zweiter Zug von Knappen durchschreitet die Halle Wer guter Tat sich freut:

ihm sei das Mahl erneut:
der Labung darf er nahn,
die hehrste Gab empfahn.
Die versammelten Ritter stellen sich an den Speisetafeln auf Stimmen der Jünglinge aus der mittleren Höhe der Kuppel vernehmbar Den sündigen Welten

mit tausend Schmerzen
wie einst sein Blut geflossen,
dem Erlösungs-Helden
sei nun mit freudigem Herzen
mein Blut vergossen.
Der Leib, den er zur Sühn uns bot,
er leb in uns durch seinen Tod.

KNABENSTIMMEN

aus der äussersten Höhe der Kuppel
Der Glaube lebt;
die Taube schwebt,
des Heilands holder Bote.
Der für euch fliesst,
des Weins geniesst,
und nehmt vom Lebensbrode!

Während des Gesanges wird von Knappen und dienenden Brüdern durch die entgegengesetzte Türe Amfortas auf einer Sänfte hereingetragen: vor ihm schreiten die vier Knappen, welche den verhängten Schrein des Grales tragen. Dieser Zug begibt sich nach der Mitte des Hintergrundes, wo ein erhöhtes Ruhebett aufgerichtet steht, auf welches Amfortas von der Sänfte herab niedergelassen wird; hiervor steht ein länglicher Steintisch, auf welchen die Knaben den verhängten Gralsschrein hinstellen. – Nachdem alle ihre Stelle eingenommen und ein allgemeiner Stillstand eingetreten war, vernimmt man, vom tiefsten Hintergrunde her, aus einer gewölbten Nische hinter dem Ruhebette des Amfortas, die Stimme des alten Titurel wie aus einem Grabe heraufdringen

TITUREL

Mein Sohn Amfortas, bist du am Amt?
langes Schweigen
Soll ich den Gral heut noch erschaun und leben?
langes Schweigen
Muss ich sterben, vom Retter ungeleitet?

AMFORTAS

im Ausbruche qualvoller Verzweiflung sich halb aufrichtend
Wehe! Wehe mir der Qual!
Mein Vater, oh! noch einmal
verrichte du das Amt!
Lebe, leb – und lass mich sterben.

TITUREL

Im Grabe leb ich durch des Heilands Huld:
zu schwach doch bin ich, ihm zu dienen.
Du büss im Dienste deine Schuld!
Enthüllet den Gral!

AMFORTAS

gegen die Knaben sich erhebend
Nein! Lasst ihn unenthüllt! – Oh!
dass keiner, keiner diese Qual ermisst,
die mir der Anblick weckt, der euch entzückt!
Was ist die Wunde, ihrer Schmerzen Wut,
gegen die Not, die Höllenpein,
zu diesem Amt – verdammt zu sein!
Wehvolles Erbe, dem ich verfallen,
ich – einz'ger Sünder unter Allen –
des höchsten Heiligtums zu pflegen,
auf Reine herabzuflehen seinen Segen! –
Oh, Strafe! Strafe ohne Gleichen
des, ach! – gekränkten Gnadenreichen! –
Nach ihm, nach seinem Weihegrusse
muss sehnlich mich's verlangen;
aus tiefster Seele Heilesbusse
zu ihm muss ich gelangen.
Die Stunde naht –
ein Lichtstrahl senkt sich auf das heilige Werk: –
die Hülle fällt.
vor sich hinstarrend Des Weihgefässes göttlicher Gehalt

erglüht mit leuchtender Gewalt;
durchzückt von seligsten Genusses Schmerz,
des heiligsten Blutes Quell
fühl ich sich giessen in mein Herz:
des eig'nen sündigen Blutes Gewell
in wahnsinniger Flucht
muss mir zurück dann fliessen,
in die Welt der Sündensucht
mit wilder Scheu sich ergiessen;
von neuem sprengt es das Tor,
daraus es nun strömt hervor,
hier durch die Wunde, der Seinen gleich,
geschlagen von desselben Speeres Streich,
der dort dem Erlöser die Wunde stach,
aus der, mit blutigen Tränen,
der Göttliche weint ob der Menschheit Schmach
in Mitleids heiligem Sehnen,
und aus der nun mir, an heiligster Stelle,
dem Pfleger göttlichster Güter,
des Erlösungs-Balsams Hüter –
das heisse Sündenblut entquillt,
ewig erneut aus des Sehnens Quelle,
das – ach! – keine Büssung je mir stillt! –
Erbarmen! Erbarmen!

Du Allerbarmer! Ach, Erbarmen!
Nimm mir mein Erbe.
schliesse die Wunde,
dass heilig ich sterbe,
rein dir gesunde!
Er sinkt wie bewusstlos zurück
KNABEN UND JÜNGLINGE
aus der Höhe, unsichtbar
»Durch Mitleid wissend,
der reine Tor,
harre sein,
den ich erkor!«
DIE RITTER
leise
So ward es dir verhiessen:
harre getrost,
des Amtes walte heut!
TITUREL
Enthüllet den Gral!
Amfortas erhebt sich langsam und mühevoll. Die Knaben nehmen die Decke vom goldenen Schreine, entnehmen ihm eine antike Kristallschale, von welcher sie ebenfalls eine Verhüllung hinwegnehmen, und setzen diese vor Amfortas hin
STIMMEN AUS DER HÖHE
Nehmet hin meinen Leib,
nehmet hin mein Blut
um unsrer Liebe Willen!
Während Amfortas andachtvoll in stummem Gebete zu dem Kelche sich neigt, verbreitet sich eine immer dichtere Dämmerung über die Halle. – Eintritt vollster Dunkelheit
KNABEN AUS DER HÖHE
Nehmet hin mein Blut,
nehmet hin meinen Leib,
auf dass ihr mein gedenkt.
Ein blendender Lichtstrahl dringt von oben auf die Kristallschale herab; diese erglüht sodann immer stärker in leuchtender Purpurfarbe, alles sanft bestrahlend. Amfortas, mit verklärter Miene, erhebt den »Gral« *hoch und schwenkt ihn sanft nach allen Seiten, worauf er damit Brot und Wein segnet. Alles ist auf den Knien*
TITUREL
Oh, heilige Wonne,
wie hell grüsst uns heute der Herr!
Amfortas setzt den »Gral« *wieder nieder, welcher nun, während die tiefe Dämmerung wieder entweicht, immer mehr erblasst: hierauf schliessen die Knaben das Gefäss wieder in den Schrein und bedecken diesen wie zuvor. – Die frühere Tageshelle tritt wieder ein. Die vier Knaben verteilen während des Folgenden aus den zwei Krügen und Körben Wein und Brot*
KNABENSTIMMEN
aus der Höhe
Wein und Brod des letzten Mahles
wandelt' einst der Herr des Grales
durch des Mitleids Liebesmacht
in das Blut, das er vergoss
in den Leib, den dar er bracht. –

Die vier Knaben, nachdem sie den Schrein verschlossen, nehmen nun die zwei Weinkrüge sowie die zwei Brodkörbe, welche Amfortas zuvor, durch das Schwenken des Grals-Kelches über sie, gesegnet hatte, von dem Altartische, verteilen das Brod an die Ritter und füllen die vor ihnen stehenden Becher mit Wein. Die Ritter lassen sich zum Mahle nieder, so auch Gurnemanz, welcher einen Platz neben sich leer hält und Parsifal durch ein Zeichen zur Teilnehmung am Mahle einlädt: Parsifal bleibt aber starr und stumm, wie gänzlich entrückt, zur Seite stehen

JÜNGLINGE

aus der mittleren Höhe der Kuppel

Blut und Leib der heil'gen Gabe

wandelt heut zu eurer Labe

sel'ger Tröstung Liebesgeist

in den Wein, der euch nun floss,

in das Brod, das heut ihr speist.

DIE RITTER

erste Hälfte

Nehmet vom Brod,

wandelt es kühn

in Leibes Kraft und Stärke,

treu bis zum Tod,

fest jedem Müh'n,

zu wirken des Heilands Werke!

zweite Hälfte

Nehmet vom Wein,

wandelt ihn neu

zu Lebens feurigem Blute,

froh im Verein,

Brudergetreu

zu kämpfen mit seligem Mute!

ALLE RITTER

Selig im Glauben!

Selig in Liebe!

Die Ritter haben sich erhoben und schreiten von beiden Seiten auf sich zu, um während des Folgenden sich feierlich zu umarmen

JÜNGLINGE

mittlere Höhe der Kuppel

Selig in Liebe!

KNABEN

volle Höhe der Kuppel

Selig im Glauben!

Während des Mahles, an welchem er nicht teilnahm, ist Amfortas aus seiner begeisterungsvollen Erhebung allmählich wieder herabgesunken: er neigt das Haupt und hält die Hand auf die Wunde. Die Knaben nähern sich ihm; ihre Bewegungen deuten auf das erneute Bluten der Wunde: sie pflegen Amfortas, geleiten ihn wieder auf die Sänfte, und, während alle sich zum Aufbruch rüsten, tragen sie, in der Ordnung wie sie kamen, Amfortas und den heiligen Schrein wieder von dannen. Die Ritter ordnen sich ebenfalls wieder zum feierlichen Zuge und verlassen langsam den Saal. – Verminderte Tageshelle tritt ein. – Knappen ziehen wieder in schnellerem Schritte durch die Halle. – Die letzten Ritter und Knappen haben den Saal verlassen: die Türen werden geschlossen. – Parsifal hatte bei dem vorangehenden stärksten Klagerufe des Amfortas eine heftige Bewegung nach dem Herzen gemacht, welches er krampfhaft eine Zeitlang gefasst hielt; jetzt steht er noch, wie erstarrt, regungslos da. – Gurnemanz tritt missmutig an Parsifal heran und rüttelt ihn am Arme

GURNEMANZ

Was stehst du noch da?

Weisst du, was du sahst?

Parsifal fasst sich krampfhaft am Herzen – und schüttelt dann ein wenig mit dem Haupte

GURNEMANZ

sehr ärgerlich

Du bist doch eben nur ein Tor!

Er öffnet eine schmale Seitentüre

Dort hinaus, deinem Wege zu!

Doch rät dir Gurnemanz:

lass du hier künftig die Schwäne in Ruh,

und suche dir Gänser die Gans!

Er stösst Parsifal hinaus und schlägt, mürrisch, hinter ihm die Türe stark zu. Während er dann de Rittern folgt, schliesst sich, auf dem letzten Takte mit der Fermate, der Vorhang

EINE ALTSTIMME

aus der Höhe

»Durch Mitleid wissend,

der reine Tor...«

MITTLERE HÖHE

Selig im Glauben!

AUS DER HÖCHSTEN HÖHE

Selig im Glauben!

ZWEITER AUFZUG

Im inneren Verliesse eines nach oben offenen Turmes; Steinstufen führen nach dem Zinnenrande der Turmmauer; Finsternis in der Tiefe, nach welcher es von dem Mauervorsprunge, den der Boden darstellt, hinabführt. Zauberwerkzeuge und nekromantische Vorrichtungen. – Klingsor auf dem Mauervorsprunge zur Seite, vor einem Metallspiegel sitzend

KLINGSOR

Die Zeit ist da. –
Schon lockt mein Zauberschloss den Toren,
den kindisch jauchzend fern ich nahen seh: –
Im Todesschlafe hält der Fluch sie fest,
der ich den Krampf zu lösen weiss.
Auf denn! Ans Werk!
Er steigt, der Mitte zu, etwas tiefer hinab, und entzündet dort Räucherwerk, welches alsbald den Hintergrund mit einem bläulichen Dampfe erfüllt. – Dann setzt er sich wieder vor die Zauberwerkzeuge und ruft, mit geheimnisvollen Gebärden, nach dem Abgrunde Herauf! Herauf! Zu mir!

Dein Meister ruft dich Namenlose,
Urteufelin, Höllenrose!
Herodias warst du, und was noch?
Gundryggia dort, Kundry hier!
Hieher! Hieher denn, Kundry!
Dein Meister ruft: herauf!
In dem bläulichen Lichte steigt Kundry's Gestalt herauf. Sie scheint schlafend. – Dann macht sie die Bewegung einer Erwachenden und stösst einen grässlichen Schrei aus

KLINGSOR

Erwachst du? Ha!
Meinem Banne wieder
verfielst du heut zur rechten Zeit.
Kundry lässt ein Klagegeheul, von grösster Heftigkeit bis zu bangem Wimmern sich abstufend, vernehmen
Sag, wo triebst du dich wieder umher?
Pfui! Dort, bei dem Rittergesipp,
wo wie ein Vieh du dich halter lässt!
Gefällt's dir bei mir nicht besser?
Als ihren Meister du mir gefangen –
haha! – den reinen Hüter des Grales,
was jagte dich da wieder fort?

KUNDRY

rauh und abgebrochen, wie im Versuche, wieder Sprache zu gewinnen
Ach –! Ach –!
Tiefe Nacht...
Wahnsinn ... Oh! – Wut..
Ach! Jammer!
Schlaf ... Schlaf...
tiefer Schlaf ... Tod ...!

KLINGSOR

Da weckte dich ein Andrer? He?

KUNDRY

wie zuvor
Ja ... mein Fluch.
Oh ...! Sehnen ... Sehnen...

KLINGSOR

Haha! – dort nach den keuschen Rittern?

KUNDRY

Da … da … dient ich.

KLINGSOR

Ja ja, den Schaden zu vergüten,
den du ihnen böslich gebracht? –
Sie helfen dir nicht;
feil sind sie Alle,
biet ich den rechten Preis:
der festeste fällt,
sinkt er dir in die Arme, –
und so verfällt er dem Speer,
den ihrem Meister selbst ich entwandt. –
Den gefährlichsten gilt's nun heut zu bestehn:
ihn schirmt der Torheit Schild.

KUNDRY

Ich – will nicht. – Oh – Oh! –

KLINGSOR

Wohl willst du, denn du musst.

KUNDRY

Du … kannst mich nicht halten.

KLINGSOR

Aber dich fassen.

KUNDRY

Du? …

KLINGSOR

Dein Meister.

KUNDRY

Aus welcher Macht?

KLINGSOR

Ha! – weil einzig an mir
deine Macht nichts vermag.

KUNDRY

grell lachend

Haha! Bist du keusch?

KLINGSOR

wütend

Was frägst du das? Verfluchtes Weib!
Furchtbare Not!
So lacht nun der Teufel mein,
dass einst ich nach dem Heiligen rang?
Furchtbare Not! –
Ungebändigten Sehnens Pein,
schrecklichster Triebe Höllendrang,
den ich zum Todesschweigen mir zwang,
lacht und höhnt er nun laut
durch dich, des Teufels Braut?
Hüte dich!
Hohn und Verachtung büsste schon Einer –
der Stolze, stark in Heiligkeit,
der einst mich von sich stiess:

sein Stamm verfiel mir,
unerlöst
soll der Heiligen Hüter mir schmachten,
und bald – so wähn ich –
hüt ich mir selbst den Gral.
Haha!
Gefiel er dir wohl, Amfortas, der Held –
den ich zur Wonne dir gesellt?
  KUNDRY
Oh! Jammer! Jammer! –
Schwach auch Er – schwach – Alle, ...
meinem Fluche mit mir
Alle verfallen! –
Oh, ewiger Schlaf,
einziges Heil,
wie – wie – dich gewinnen?
  KLINGSOR
Ha! Wer dir trotzte, löste dich frei;
versuch's mit dem Knaben, der naht! –
  KUNDRY
Ich will nicht!
  KLINGSOR
steigt hastig auf die Turmmauer
Jetzt schon erklimmt er die Burg.
  KUNDRY
Oh! – Wehe! Wehe!
Erwachte ich darum?
Muss ich? Muss ...?
  KLINGSOR
hinabblickend
Ha! Er ist schön, der Knabe!
  KUNDRY
Oh –! Oh –! Wehe mir! –
  KLINGSOR
stösst, nach aussen gewandt, in ein Horn
Ho! Ihr Wächter! Ho! Ritter!
Helden! Auf! Feinde nah!
Aussen wachsendes Getöse und Waffengeräusch
Ha! Wie zur Mauer sie stürmen,
die betörten Eigenholde,
zum Schutz ihres schönen Geteufels!
So! Mutig! Mutig!
Haha! Der fürchtet sich nicht:
dem Helden Ferris entwand er die Waffe, –
die führt er nun freislich wider den Schwarm.
Kundry gerät in unheimliches ekstatisches Lachen bis zu krampfhaftem Wehgeschrei
Wie übel den Tölpeln der Eifer gedeiht!
Dem schlug er den Arm, – jenem den Schenkel!
Haha! Sie weichen.
Kundry verschwindet
Sie fliehen.
Das bläuliche Licht ist erloschen, volle Finsternis in der Tiefe, wogegen glänzende Himmelsbläue über

der Mauer Seine Wunde trägt jeder nach heim.

Wie das ich euch gönne!
Möge denn so
das ganze Rittergezücht
unter sich selber sich würgen!
Ha! Wie stolz er nun steht auf der Zinne!
Wie lachen ihm die Rosen der Wangen,
da kindisch erstaunt
in den einsamen Garten er blickt!
er wendet sich nach der Tiefe des Hintergrundes um He! Kundry! ... Wie? Schon am Werk?

Haha! Den Zauber wusst ich wohl,
der immer dich wieder zum Dienst mir gesellt!
sich wieder nach aussen wendend
Du da, – kindischer Spross, –
was auch
Weissagung dich wies,
zu jung und dumm
fielst du in meine Gewalt:
die Reinheit dir entrissen,
bleibst mir du zugewiesen!

Er versinkt schnell mit dem ganzen Turme; zugleich steigt der Zaubergarten auf und erfüllt die Bühne gänzlich. Tropische Vegetation, üppigste Blumenpracht; nach dem Hintergrunde zu Abgrenzung durch die Zinne der Burgmauer, an welche sich seitwärts Vorsprünge des Schlossbaues selbst (arabischen reichen Stiles) mit Terrassen anschliessen. – Auf der Mauer steht Parsifal, staunend in den Garten hinabblickend. – Von allen Seiten her, zuerst aus dem Garten, dann aus dem Palaste, stürzen, wirr durch einander, einzeln, dann zugleich – immer mehre, schöne Mädchen herein; sie sind mit flüchtig übergeworfenen, zartfarbigen Schleiern verhüllt, wie soeben aus dem Schlafe aufgeschreckt

MÄDCHEN

vom Garten kommend
Hier war das Tosen!
Waffen? Wilde Rufe!

MÄDCHEN

vom Schlosse heraus
Wo ist der Frevler?
Auf zur Rache!

EINZELNE

Mein Geliebter verwundert.

ANDERE

Wo find ich den meinen?

ANDERE

Ich erwachte alleine –
wohin entflohn sie?

IMMER ANDERE

Wo sind unsre Liebsten?
Wir sahn sie im Saale!
Oh! Weh! Ach Wehe!
Wer ist der Feind?
Sie gewahren Parsifal und zeigen auf ihn
Da steht er! Seht ihn dort!
Meines Ferris Schwert

in seiner Hand!
Ich sah's! Der stürmte die Burg.
Ich hörte des Meisters Horn.
Mein Held lief herzu,
sie Alle kamen, doch Jeden
empfing seine Wehr.
Der schlug mir den Liebsten!
Noch blutet die Waffe!
Du dort! Du dort!
Was schufst du uns solche Not?
Verwünscht, verwünscht sollst du sein!

Parsifal springt etwas tiefer in den Garten herab. Die Mädchen weichen jäh zurück

DIE MÄDCHEN

Ha! Kühner! Wagst du zu nahen?
Was schlugst du unsre Geliebten?

PARSIFAL

voll Verwunderung anhaltend

Ihr schönen Kinder, musst ich sie nicht schlagen?
Zu euch, ihr Holden, ja wehrten sie mir den Weg.

MÄDCHEN

Zu uns wolltest du?
Sahst du uns schon?

PARSIFAL

Noch nie sah ich solch zieres Geschlecht:
nenn ich euch schön, dünkt euch das recht?

DIE MÄDCHEN

So willst du uns wohl nicht schlagen?

PARSIFAL

Das möcht ich nicht.

MÄDCHEN

Doch Schaden
schufst du uns so vielen, –
du schlugest unsre Gespielen:
wer spielt nun mit uns?

PARSIFAL

Das tu ich gern.

Die Mädchen, von Verwunderung in Heiterkeit übergegangen, brechen jetzt in ein lustiges Gelächter aus. – Während Parsifal immer näher zu den aufgeregten Gruppen tritt, entweichen unmerklich die Mädchen der ersten Gruppe und des ersten Chores hinter die Blumenhäge, um ihren Blumenschmuck zu vollenden

MÄDCHEN.

Bist du uns hold, so bleib nicht fern von uns!
Und willst du uns nicht schelten,
wir werden dir's entgelten:
wir spielen nicht um Gold, –
wir spielen um Minnes Sold.
Willst auf Trost du uns sinnen,
sollst den du uns abgewinnen!

Die Mädchen der ersten Gruppe und des ersten Chores kommen mit dem Folgenden, ganz in Blumengewändern, selbst Blumen erscheinend, zurück und stürzen sich sofort auf Parsifal

DIE GESCHMÜCKTEN MÄDCHEN

Lasset den Knaben! Er gehöret mir!

Nein! Nein! Nein! Mir!

DIE ANDERN MÄDCHEN

Hai Die Falschen! – Sie schmückten heimlich sich.

Während die Zurückgekommenen sich an Parsifal herandrängen, verlassen die Mädchen der zweiten Gruppe und des zweiten Chores hastig die Szene, um sich ebenfalls zu schmücken. – Während des Folgenden drehen sich die Mädchen, wie in anmutigem Kinderspiele, um Parsifal, sanft ihm Wange und Kinn streichelnd

DIE MÄDCHEN

Komm! Komm!

Holder Knabe,

lass mich dir blühen!

Dir zur Wonn und Labe

gilt mein minniges Mühen.

Die zweite Gruppe und der zweite Chor kommen, ebenfalls geschmückt, zurück und gesellen sich zum Spiele

PARSIFAL

heiter ruhig in der Mitte der Mädchen

Wie duftet ihr hold!

Seid ihr denn Blumen?

DIE MÄDCHEN

immer einzeln, bald mehrere zugleich

Des Gartens Zier,

und duftende Geister,

im Lenz pflückt uns der Meister.

Wir wachsen hier

in Sommer und Sonne,

für dich erblühend in Wonne.

Nun sei uns freund und hold,

nicht karge den Blumen den Sold!

Kannst du uns nicht lieben und minnen,

wir welken und sterben dahinnen.

ERSTES MÄDCHEN DER ZWEITEN GRUPPE

An deinen Busen nimm mich!

ERSTES MÄDCHEN DER ERSTEN GRUPPE

Die Stirn lass mich dir kühlen!

ZWEITES MÄDCHEN DER ERSTEN GRUPPE

Lass mich die Wange dir fühlen!

ZWEITES MÄDCHEN DER ZWEITEN GRUPPE

Den Mund lass mich dir küssen!

ERSTES MÄDCHEN DER ERSTEN GRUPPE

Nein! Ich! Die Schönste bin ich.

ZWEITES MÄDCHEN DER ERSTEN GRUPPE

Nein! Ich bin die Schönste!

ERSTES UND DRITTES MÄDCHEN DER ERSTEN UND ZWEITES MÄDCHEN DER ZWEITEN GRUPPE

Ich bin schöner!

ERSTES MÄDCHEN DER ZWEITEN GRUPPE

Nein! Ich dufte süsser.

BEIDE CHÖRE

Nein! Ich! Ja, ich!

PARSIFAL

ihrer anmutigen Zudringlichkeit sanft wehrend

Ihr wild holdes Blumengedränge,

soll ich mit euch spielen, entlasst mich der Enge!

ERSTES MÄDCHEN DER ZWEITEN GRUPPE

Was zankest du?

PARSIFAL

Weil ihr euch streitet.

ERSTES MÄDCHEN DER ERSTEN UND

ZWEITES MÄDCHEN DER ZWEITEN GRUPPE

Wir streiten nur um dich.

PARSIFAL

Das meidet!

ZWEITES MÄDCHEN DER ERSTEN GRUPPE

Du lass von ihm: sieh, er will mich.

DRITTES MÄDCHEN DER ERSTEN GRUPPE

Mich lieber!

ZWEITES MÄDCHEN DER ZWEITEN GRUPPE

Nein, lieber will er mich!

ERSTES MÄDCHEN DER ZWEITEN GRUPPE

zu Parsifal

Du wehrest mich von dir?

ERSTES MÄDCHEN DER ERSTEN GRUPPE

Du scheuchest mich fort?

ERSTER CHOR

Bist du feige vor Frauen?

ZWEITE GRUPPE UND ZWEITER CHOR

Magst dich nicht getrauen?

ERSTES MÄDCHEN DER ERSTEN UND ZWEITEN GRUPPE

Wie schlimm bist du, Zager und Kalter!

ERSTES MÄDCHEN DER ERSTEN GRUPPE

Die Blumen lässt du umbuhlen den Falter?

ERSTER CHOR

Auf, weichet dem Toren!

ERSTE GRUPPE

Wir geben ihn verloren.

ZWEITER CHOR

Doch sei er uns erkoren!

BEIDE GRUPPEN UND CHÖRE

Nein, uns! Nein, mir gehört er an!

Auch mir! – Nein, uns gehört er an!

PARSIFAL

halb ärgerlich die Mädchen abschreckend

Lasst ab! Ihr fangt mich nicht!

Er will fliehen, als er aus dem Blumenhage Kundrys Stimme vernimmt und betroffen stillsteht

KUNDRY

Parsifal! – Weile!

PARSIFAL

Parsifal?...

So nannte träumend mich einst die Mutter.

Die Mädchen sind bei dem Vernehmen der Stimme Kundrys erschrocken und haben sich alsbald von Parsifal zurückgehalten

KUNDRY

allmählich sichtbar werdend
Hier weile, Parsifal!
Dich grüsset Wonne und Heil zumal. –
Ihr kindischen Buhlen, weichet von ihm;
früh welkende Blumen,
nicht euch ward er zum Spiele bestellt.
Geht heim, pfleget der Wunden;
einsam erharrt euch mancher Held. –
Die Mädchen entfernen sich jetzt zaghaft und widerstrebend von Parsifal und ziehen sich nach dem Schlosse zu zurück

ALLE MÄDCHEN

Dich zu lassen, dich zu meiden,
O wehe! O wehe der Pein!
Von Allen möchten gern wir scheiden,
mit dir allein zu sein!
Leb wohl! Leb wohl!
Du Holder! Du Stolzer!
Du – Tor!
Mit dem Letzten sind die Mädchen, unter Gelächter, im Schlosse verschwunden

PARSIFAL

Dies Alles – hab ich nun geträumt?
Parsifal sieht sich schüchtern nach der Seite hin um, von welcher die Stimme kam. Dort ist jetzt, durch Enthüllung des Blumenhages, ein jugendliches Weib von höchster Schönheit – Kundry, in durchaus verwandelter Gestalt – auf einem Blumenlager, in leicht verhüllender, phantastischer Kleidung – annähernd arabischen Stiles – sichtbar geworden

PARSIFAL

noch ferne stehend
Riefest du mich Namenlosen?

KUNDRY

Dich nannt ich, tör'ger Reiner:
»Fal-parsi« –
Dich reinen Toren: »Parsifal«.
So rief, als in arab'schem Land er verschied,
dein Vater Gamuret dem Sohne zu,
den er, im Mutterschoss verschlossen,
mit diesem Namen sterbend grüsste;
ihn dir zu künden, harrt ich deiner hier:
was zog dich her, wenn nicht der Kunde Wunsch?

PARSIFAL

Nie sah ich, nie träumte mir, was jetzt
ich schau, und was mit Bangen mich erfüllt.
Entblühtest du auch diesem Blumenhaine?

KUNDRY

Nein, Parsifal, du tör'ger Reiner!
Fern – fern – ist meine Heimat.
Dass du mich fändest, verweilte ich nur hier;
von weither kam ich, wo ich viel ersah.
Ich sah das Kind an seiner Mutter Brust,
sein erstes Lallen lacht mir noch im Ohr;
das Leid im Herzen,
wie lachte da auch Herzeleide,

als ihren Schmerzen
zujauchzte ihrer Augen Weide!
Gebettet sanft auf weichen Moosen,
den hold geschläfert sie mit Kosen,
dem, bang in Sorgen,
den Schlummer bewacht der Mutter Sehnen,
den weckt' am Morgen
der heisse Tau der Muttertränen.
Nur Weinen war sie, Schmerzgebahren
um deines Vaters Lieb und Tod:
vor gleicher Not dich zu bewahren,
galt ihr als höchster Pflicht Gebot.
Den Waffen fern, der Männer Kampf und Wüten,
wollte sie still dich bergen und behüten.
Nur Sorgen war sie, ach! und Bangen:
nie sollte Kunde zu dir her gelangen.
Hörst du nicht noch ihrer Klagen Ruf,
wann spät und fern du geweilt?
Hei! Was ihr das Lust und Lachen schuf,
wann sie suchend dann dich ereilt;
wann dann ihr Arm dich wütend umschlang,
ward dir es wohl gar beim Küssen bang?
Doch, ihr Wehe du nicht vernahmst,
nicht ihrer Schmerzen Toben,
als endlich du nicht wiederkamst,
und deine Spur verstoben.
Sie harrte Nächt und Tage, –
bis ihr verstummt die Klage,
der Gram ihr zehrte den Schmerz,
um stillen Tod sie warb:
ihr brach das Leid das Herz,
und – Herzeleide starb. –

PARSIFAL

immer ernsthafter, endlich furchtbar betroffen, sinkt, schmerzlich überwältigt, bei Kundrys Füssen nieder

Wehe! Wehe! Was tat ich? – Wo war ich? –
Mutter! Süsse, holde Mutter!
Dein Sohn, dein Sohn musste dich morden! –
O Tor! Blöder, taumelnder Tor!
Wo irrtest du hin, ihrer vergessend, –
deiner, deiner vergessend?
Traute, teuerste Mutter!

KUNDRY

War dir fremd noch der Schmerz,
des Trostes Süsse
labte nie auch dein Herz;
das Wehe, das dich reut,
die Not nun büsse
im Trost, den Liebe dir beut.

PARSIFAL

im Trübsinn immer tiefer sich sinken lassend

Die Mutter, – die Mutter – konnt ich vergessen!

Ha! – Was Alles vergass ich wohl noch?
Wes war ich je noch eingedenk? –
Nur dumpfe Torheit lebt in mir!
    KUNDRY
immer noch in liegender Stellung, beugt sich über Parsifals Haupt, fasst sanft seine Stirne und schlingt traulich ihren Arm um seinen Nacken
Bekenntnis
wird Schuld in Reue enden –
Erkenntnis
in Sinn die Torheit wenden.
Die Liebe lerne kennen,
die Gamuret umschloss,
als Herzeleids Entbrennen
ihn sengend überfloss! –
Die Leib und Leben
einst dir gegeben,
der Tod und Torheit weichen muss, –
sie beut
dir heut –
als Muttersegens letzten Gruss,
der Liebe ersten Kuss.
    Sie hat ihr Haupt völlig über das seinige geneigt, und heftet nun ihre Lippen zu einem langen Kusse auf seinen Mund
    PARSIFAL
fährt plötzlich mit einer Gebärde des höchsten Schrekkens auf: seine Haltung drückt eine furchtbare Veränderung aus; er stemmt seine Hände gewaltsam gegen das Herz, wie um einen zerreissenden Schmerz zu bewältigen
Amfortas!...
Die Wunde! – Die Wunde! –
Sie brennt in meinem Herzen! –
Oh –! Klage! Klage!
Furchtbare Klage!
Aus tiefstem Herzen schreit sie mir auf.
Oh –! Oh –!
Elender!
Jammervollster!
Die Wunde sah ich bluten, –
nun blutet sie in mir –!
Hier – hier!...
Nein! Nein! Nicht die Wunde ist es.
Fliesse ihr Blut in Strömen dahin!
Hier! Hier im Herzen der Brand!
Das Sehnen, das furchtbare Sehnen,
das alle Sinne mir fasst und zwingt!
Oh! – Qual der Liebe!
Wie Alles schauert, bebt und zuckt –
in sündigem Verlangen!
Während Kundry in Schrecken und Verwunderung auf Parsifal hinstarrt, gerät dieser in völlige Entrücktheit. – Schauerlich leise Es starrt der Blick dumpf auf das Heilsgefäss:

das heil'ge Blut erglüht;
Erlösungswonne, göttlich mild,

durchzittert weithin alle Seelen.
Nur hier, – im Herzen will die Qual nicht weichen.
Des Heilands Klage da vernehm ich,
die Klage, ach, die Klage
um das entweihte Heiligtum:
»Erlöse, rette mich
aus schuldbefleckten Händen!«
So rief die Gottesklage
furchtbar laut mir in die Seele.
Und ich ... der Tor ... der Feige...
zu wilden Knabentaten floh ich hin!...
Er stürzt verzweiflungsvoll auf die Knie Erlöser! Heiland! Herr der Hulden!

Wie büss ich Sünder solche Schuld?
   KUNDRY
*deren Erstaunen in leidenschaftliche Bewunderung übergegangen, sucht schüchtern sich Parsifal zu nä-
hern*
Gelobter Held! Entflieh dem Wahn!
Blick auf, sei hold der Huldin Nah'n!
   PARSIFAL
*immer in gebeugter Stellung, starr zu Kundry aufblickend, während diese sich zu ihm neigt und die
liebkosenden Bewegungen ausführt, die er mit dem Folgenden bezeichnet*
Ja! ... diese Stimme ... so – rief sie ihm;
und diesen Blick – deutlich erkenn ich ihn, –
auch diesen, der ihm so friedlos lachte; –
die Lippe, ja ... so zuckte sie ihm;
so neigte sich der Nacken, –
so hob sich kühn das Haupt;
so flatterten lachend die Locken,
so schlang um den Hals sich der Arm;
so schmeichelte weich die Wange;
mit aller Schmerzen Qual im Bunde,
das Heil der Seele
entküsste ihm der Mund –!
Ha – dieser Kuss!...
Verderberin! Weiche von mir!
Ewig, ewig von mir!
   Parsifal hat sich allmählich erhoben, und stösst Kundry von sich
   KUNDRY
in höchster Leidenschaft
Grausamer!
Fühlst du im Herzen
nur And'rer Schmerzen,
so fühle jetzt auch die meinen!
Bist du Erlöser,
was bannt dich, Böser,
nicht mir auch zum Heil dich zu einen?
Seit Ewigkeiten harre ich deiner,
des Heilands – ach! – so spät...
den einst ich kühn geschmäht.
Oh!
Kenntest du den Fluch,

der mich durch Schlaf und Wachen,
durch Tod und Leben,
Pein und Lachen,
zu neuem Leiden neu gestählt,
endlos durch das Dasein quält!
Ich sah – Ihn – Ihn –
und … lachte:
da traf mich … sein Blick! –
ihm wieder zu begegnen.
In höchster Not
wähn ich sein Auge schon nah, –
den Blick schon auf mir ruhn…
Da kehrt mir das verfluchte Lachen wieder:
ein Sünder sinkt mir in die Arme! –
Da lach ich, lache,
kann nicht weinen,
nur schreien, wüten,
toben, rasen
in stets erneueter Wahnsinns-Nacht,
aus der ich büssend kaum erwacht.
Den ich ersehnt in Todesschmachten,
den ich erkannt – den blöd Verlachten:
lass mich an seinem Busen weinen,
nur eine Stunde mit dir vereinen,
und ob mich Gott und Welt verstösst
in dir entsündigt sein und erlöst!

PARSIFAL

In Ewigkeit
wärst du verdammt mit mir
für eine Stunde
Vergessens meiner Sendung,
in deines Arms Umfangen!
Auch dir bin ich zum Heil gesandt,
bleibst du dem Sehnen abgewandt.
Die Labung, die dein Leiden endet,
beut nicht der Quell, aus dem es fliesst;
das Heil wird nimmer dir gespendet,
eh jener Quell sich dir nicht schliesst.
Ein Andres ist's, ein Andres, ach! –
nach dem ich jammernd schmachten sah,
die Brüder dort, in grausen Nöten,
den Leib sich quälen und ertöten.
Doch, wer erkennt ihn klar und hell,
des einz'gen Heiles wahren Quell?
Oh, Elend, aller Rettung Flucht!
Oh, Weltenwahns Umnachten:
in höchsten Heiles heisser Sucht
nach der Verdammnis Quell zu schmachten!

KUNDRY

in wilder Begeisterung
So war es mein Kuss,
der Welt-hellsichtig dich machte?

Mein volles Liebes-Umfangen
lässt dich dann Gottheit erlangen.
Die Welt erlöse, ist dies dein Amt,
schuf dich zum Gott die Stunde,
für sie lass mich ewig dann verdammt,
nie heile mir die Wunde!
   PARSIFAL
Erlösung, Frevlerin, biet ich auch dir.
   KUNDRY
Lass mich dich Göttlichen lieben,
Erlösung gabst du dann auch mir.
   PARSIFAL
Lieb' und Erlösung soll dir werden,
zeigest du
zu Amfortas mir den Weg.
   KUNDRY
in Wut ausbrechend
Nie –! sollst du ihn finden!
Den Verfall'nen, lass ihn verderben –
den Unsel'gen,
Schmach-lüsternen,
den ich verlachte – lachte – lachte – haha!
Ihn traf ja der eigne Speer!
   PARSIFAL
Wer durft ihn verwunden mit der heil'gen Wehr?
   KUNDRY
Er … Er …
der einst mein Lachen bestraft …
Sein Fluch – ha, mir gibt er Kraft;
gegen dich selbst ruf ich die Wehr,
gibst du dem Sünder des Mitleids Ehr'! …
Ha … Wahnsinn!
flehend
Mitleid! Mitleid mit mir!
Nur eine Stunde mein!
Nur eine Stunde dein …
und des Weges
sollst du geleitet sein!
   Sie will ihn umarmen. Er stösst sie heftig von sich
   PARSIFAL
Vergeh, unseliges Weib!
   KUNDRY
rafft sich mit wildem Wutrasen auf und ruft dem Hintergrunde zu:
Hilfe! Hilfe! Herbei!
Haltet den Frechen! Herbei!
Wehrt ihm die Wege!
Wehrt ihm die Pfade!
Und flöhest du von hier, und fändest
alle Wege der Welt,
den Weg, den du suchst,
des Pfade sollst du nicht finden:
denn Pfad und Wege,

die dich mir entführen,
so verwünsch ich sie dir!
Irre! Irre!
mir so vertraut –
dich weih ich ihm zum Geleit!
Klingsor ist auf der Burgmauer herausgetreten und schwenkt eine Lanze gegen Parsifal
KLINGSOR
Halt da! Dich bann ich mit der rechten Wehr!
Den Toren stelle mir seines Meisters Speer!
Er schleudert auf Parsifal den Speer, welcher über dessen Haupte schweben bleibt. Parsifal erfasst den Speer mit der Hand und hält ihn über seinem Haupte
PARSIFAL
Mit diesem Zeichen bann ich deinen Zauber:
wie die Wunde er schliesse,
die mit ihm du schlugest,
in Trauer und Trümmer
stürz' er die trügende Pracht!
Er hat den Speer im Zeichen des Kreuzes geschwungen: wie durch ein Erdbeben versinkt das Schloss. Der Garten ist schnell zu einer Einöde verdorrt; verwelkte Blumen verstreuen sich auf dem Boden. Kundry ist schreiend zusammengesunken. Parsifal hält, im Enteilen, noch einmal an
PARSIFAL
wendet sich von der Höhe der Mauertrümmer zu Kundry zurück
Du weisst,

wo du mich wiederfinden kannst!
Parsifal enteilt. Kundry hat sich ein wenig erhoben und nach ihm geblickt

DRITTER AUFZUG

Freie, anmutige Frühlingsgegend auf dem Gebiete des Grales. Nach dem Hintergrunde zu sanft ansteigende Blumenaue. Den Vordergrund nimmt der Saum des Waldes ein, der sich nach rechts zu, auf steigendem Felsengrund, ausdehnt. Im Vordergrunde, an der Waldseite, ein Quell; ihm gegenüber, etwas tiefer, eine schlichte Einsiedlerhütte, an einen Felsblock gelehnt. Frühester Morgen

GURNEMANZ
zum hohen Greise gealtert, als Einsiedler, nur in das Hemd des Gralritters gekleidet, tritt aus der Hütte und lauscht
Von dorther kam das Stöhnen:
so jammervoll klagt kein Wild,
und gewiss gar nicht am heiligsten Morgen heut.
Dumpfes Stöhnen von Kundrys Stimme Mich dünkt, ich kenne diesen Klageruf?

Er schreitet entschlossen einer Dornenhecke auf der Seite zu: diese ist gänzlich überwachsen; er reisst mit Gewalt das Gestrüpp auseinander: dann hält er plötzlich an
Ha! Sie – wieder da?
Das winterlich rauhe Gedörn
hielt sie verdeckt, – wie lang schon?
Auf! Kundry! Auf!
Der Winter floh, und Lenz ist da!
Erwache! Erwache dem Lenz!
Er zieht Kundry, ganz erstarrt und leblos, aus dem Gebüsch hervor und trägt sie auf einen nahen Rasenhügel Kalt und starr. –

Diesmal hielt ich sie wohl für tot:
doch war's ihr Stöhnen, was ich vernahm?
Er reibt der erstarrt vor ihm ausgestreckten Kundry stark die Hände und Schläfe und bemüht sich in allem, die Erstarrung von ihr weichen zu machen. Endlich scheint das Leben in ihr zu erwachen – sie erwacht völlig – als sie die Augen geöffnet, stösst sie einen Schrei aus. – Sie ist in rauhem Büssergewande, ähnlich wie im ersten Aufzuge, nur ist ihre Gesichtsfarbe bleicher, aus Miene und Haltung ist die Wildheit verschwunden. – Sie starrt lange Gurnemanz an. Dann erhebt sie sich, ordnet sich Kleidung und Haar, und lässt sich sofort wie eine Magd zur Bedienung an

GURNEMANZ
Du tolles Weib!
Hast du kein Wort für mich?
Ist dies der Dank,
dass dem Todesschlafe
noch einmal ich dich erweckt?

KUNDRY
neigt langsam das Haupt; dann bringt sie, rauh und abgebrochen, hervor:
Dienen – dienen.

GURNEMANZ
schüttelt den Kopf
Das wird dich wenig mühn:
auf Botschaft sendet sich's nicht mehr;
Kräuter und Wurzeln
findet ein jeder sich selbst,
wir lernten's im Walde vom Tier.
Kundry hat sich während dem umgesehen, gewahrt die Hütte und geht hinein. – Gurnemanz blickt ihr verwundert nach
Wie anders schreitet sie als sonst!
Wirkte dies der heilige Tag?

Oh! Tag der Gnade ohne Gleichen!
Gewiss, zu ihrem Heile
durft ich der Armen heut
den Todesschlaf verscheuchen.

Kundry kommt wieder aus der Hütte; sie trägt einen Wasserkrug und geht damit zum Quelle. Sie gewahrt hier, nach dem Walde blickend, in der Ferne einen Kommenden und wendet sich zu Gurnemanz, um ihn darauf hinzudeuten

GURNEMANZ
in den Wald blickend
Wer nahet dort dem heiligen Quell?
In düst'rem Waffenschmucke?
Das ist der Brüder keiner!

Während des folgenden Auftrittes des Parsifal entfernt sich Kundry mit dem gefüllten Kruge langsam in die Hütte, wo sie sich zu schaffen macht. – Parsifal tritt aus dem Walde auf. Er ist ganz in schwarzer Waffenrüstung; mit geschlossenem Helme und gesenktem Speere schreitet er, gebeugten Hauptes, träumerisch zögernd, langsam daher und setzt sich auf dem kleinen Rasenhügel am Quelle nieder

GURNEMANZ
nachdem er Parsifal staunend lange betrachtet tritt nun näher zu ihm
Heil dir, mein Gast!
Bist du verirrt, und soll ich dich weisen?
Parsifal schüttelt sanft das Haupt
Entbietest du mir keinen Gruss?
Parsifal neigt das Haupt
GURNEMANZ
unmutig
Hei! – Was?
Wenn dein Gelübde
dich bindet, mir zu schweigen,
so mahnt das meine mich,
dass ich dir sage, was sich ziemt.
Hier bist du an geweihtem Ort:
da zieht man nicht mit Waffen her,
geschloss'nen Helmes, Schild und Speer;
und heute gar! Weisst du denn nicht,
welch heil'ger Tag heut ist?
Parsifal schüttelt mit dem Kopfe Ja! Woher kommst du denn?

Bei welchen Heiden weiltest du,
zu wissen nicht, dass heute
der allerheiligste Charfreitag ist?
Parsifal senkt das Haupt noch tiefer Schnell ab die Waffen!

Kränke nicht den Herrn, der heute,
bar jeder Wehr, sein heilig Blut
der sündigen Welt zur Sühne bot! –

Parsifal erhebt sich, nach einem abermaligen Schweigen, stösst den Speer vor sich in den Boden, legt Schild und Schwert davor nieder, öffnet den Helm, nimmt ihn vom Haupte und legt ihn zu den anderen Waffen, worauf er dann zu stummem Gebete vor dem Speer niederkniet. Gurnemanz betrachtet Parsifal mit Staunen und Rührung. – Er winkt Kundry herbei, welche soeben wieder aus der Hütte getreten ist. – Parsifal erhebt jetzt seinen Blick andachtsvoll zu der Lanzenspitze auf

GURNEMANZ
leise zu Kundry

Erkennst du ihn?
Der ist's, der einst den Schwan erlegt.
Kundry bestätigt mit einem leisen Kopfnicken
Gewiss, 's ist Er,
der Tor, den ich zürnend von uns wies.
Kundry blickt starr, doch ruhig auf Parsifal
Ha! Welche Pfade fand er?
Der Speer, – ich kenne ihn!
in grosser Ergriffenheit
Oh! Heiligster Tag,
an dem ich heut erwachen sollt!
Kundry hat ihr Gesicht abgewendet

PARSIFAL

erhebt sich langsam vom Gebete, blickt ruhig um sich, erkennt Gurnemanz und reicht diesem sanft die Hand zum Gruss
Heil mir, dass ich dich wieder finde.

GURNEMANZ

So kennst auch du mich noch?
Erkennst mich wieder,
den Gram und Not so tief gebeugt?
Wie kamst du heut – woher?

PARSIFAL

Der Irrnis und der Leiden Pfade kam ich;
soll ich mich denen jetzt entwunden wähnen,
da dieses Waldes Rauschen
wieder ich vernehme,
dich guten Greisen neu begrüsse?...
Oder – irr ich wieder?
Verändert dünkt mich alles?

GURNEMANZ

So sag, zu wem den Weg du suchtest?

PARSIFAL

Zu ihm, des tiefe Klagen
ich törig staunend einst vernahm,
dem nun ich Heil zu bringen
mich auserlesen wähnen darf. –
Doch, ach! –
den Weg des Heiles nie zu finden,
in pfadlosen Irren
trieb ein wilder Fluch mich umher:
zahllose Nöte,
Kämpfe und Streite,
zwangen mich ab vom Pfade,
wähnt ich ihn recht schon erkannt.
Da musste mich Verzweiflung fassen,
das Heiltum heil mir zu bergen,
um das zu hüten, das zu wahren,
ich Wunden jeder Wehr mir gewann;
denn nicht ihn selber
durft ich führen im Streite, –
unentweiht
führ ich ihn mir zur Seite,

den ich nun heim geleite,
der dort dir schimmert heil und hehr:
des Grales heil'gen Speer.
GURNEMANZ
in höchstes Entzücken ausbrechend
O Gnade! Höchstes Heil!
Oh! Wunder! Heilig, hehrstes Wunder!
Nachdem er sich etwas gefasst, zu Parsifal
O Herr! War es ein Fluch,
der dich vom rechten Pfad vertrieb,
so glaub, er ist gewichen.
Hier bist du, dies des Grals Gebiet;
dein harret seine Ritterschaft.
Ach, sie bedarf des Heiles,
des Heiles, das du bringst!
Seit dem Tage, den du hier geweilt,
die Trauer, die da kund dir ward,
das Bangen wuchs zur höchsten Not.
Amfortas, gegen seiner Wunden,
seiner Seele Qual sich wehrend,
begehrt in wütendem Trotze nun den Tod.
Kein Flehn, kein Elend seiner Ritter
bewog ihn mehr, des heil'gen Amts zu walten.
Im Schrein verschlossen bleibt seit lang der Gral: –
so hofft sein sündenreu'ger Hüter,
da er nicht sterben kann
wann je er ihn erschaut,
sein Ende zu erzwingen,
und mit dem Leben seine Qual zu enden.
Die heil'ge Speisung bleibt uns nun versagt;
gemeine Atzung muss uns nähren:
darob versiegte unsrer Helden Kraft.
Nie kommt uns Botschaft mehr,
noch Ruf zu heil'gen Kämpfen aus der Ferne:
bleich und elend wankt umher
die mut- und führerlose Ritterschaft.
In dieser Waldeck' barg ich einsam mich,
des Todes still gewärtig,
dem schon mein alter Waffenherr verfiel;
denn Titurel, mein heil'ger Held,
den nun des Grales Anblick nicht mehr labte,
er starb – ein Mensch, wie alle!
PARSIFAL
bäumt sich vor grossem Schmerz auf
Und ich – ich bin's,
der all dies Elend schuf!
Ha! Welcher Sünden,
welches Frevels Schuld
muss dieses Torenhaupt
seit Ewigkeit belasten,
da keine Busse, keine Sühne
der Blindheit mich entwindet,

zur Rettung selbst ich auserkoren,
in Irrnis wild verloren,
der Rettung letzter Pfad mir schwindet!...
*Parsifal droht ohnmächtig umzusinken. Gurnemanz hält ihn aufrecht und senkt ihn zum Sitze auf
den Rasenhügel nieder. – Kundry holt hastig ein Becken mit Wasser, um Parsifal zu besprengen*

GURNEMANZ
Kundry sanft abweisend
Nicht doch! Die heil'ge Quelle selbst
erquicke unsres Pilgers Bad.
Mir ahnt, ein hohes Werk
hab er noch heut zu wirken,
zu walten eines heil'gen Amtes: –
so sei er fleckenrein,
und langer Irrfahrt Staub
soll nun von ihm gewaschen sein!
*Parsifal wird von den Beiden sanft zum Rande des Quelles gewendet. Unter dem Folgenden löst ihm
Kundry die Beinschienen, Gurnemanz aber nimmt ihm den Brustharnisch ab*

PARSIFAL
sanft und matt
Werd heut zu Amfortas ich noch geleitet?

GURNEMANZ
während der Beschäftigung
Gewisslich; unsrer harrt die hehre Burg:
die Totenfeier meines lieben Herrn,
sie ruft mich selbst dahin.
Den Gral noch einmal uns da zu enthüllen,
des lang versäumten Amtes
noch einmal heut zu walten,
zur Heiligung des hehren Vaters,
der seines Sohnes Schuld erlag,
die der nun also büssen will,
gelobt' Amfortas uns. –
Kundry badet Parsifal mit demutvollem Eifer die Füsse. Er blickt mit stiller Verwunderung auf sie

PARSIFAL
zu Kundry
Du netztest mir die Füsse,
nun netze mir das Haupt der Freund!

GURNEMANZ
schöpft hierbei mit der Hand aus dem Quell und besprengt Parsifals Haupt
Gesegnet sei, du Reiner, durch das Reine!
So weiche jeder Schuld
Bekümmernis von Dir!
*Während Gurnemanz feierlich das Wasser sprengt, zieht Kundry ein goldenes Fläschchen aus dem
Busen und giesst seinen Inhalt auf Parsifals Füsse aus; jetzt trocknet sie diese mit ihren schnell aufgelö-
sten Haaren*

PARSIFAL
nimmt Kundry sanft das Fläschchen ab und reicht es Gurnemanz
Du salbtest mir die Füsse:
das Haupt nun salbe Titurels Genoss',
dass heute noch als König er mich grüsse!
*Mit dem Folgenden schüttet Gurnemanz das Fläschchen vollends auf Parsifals Haupt aus, reibt die-
ses sanft und faltet dann die Hände darüber*

GURNEMANZ

So ward es uns verhiessen;
so segne ich dein Haupt,
als König dich zu grüssen.
Du Reiner!
Mitleidvoll Duldender,
heiltatvoll Wissender!
Wie des Erlösten Leiden du gelitten,
die letzte Last entnimm nun seinem Haupt! –

PARSIFAL

schöpft unvermerkt Wasser aus der Quelle, neigt sich zu der vor ihm noch knienden Kundry und netzt ihr das Haupt

Mein erstes Amt verricht ich so:
die Taufe nimm,
und glaub an den Erlöser!

Kundry senkt das Haupt tief zur Erde, sie scheint heftig zu weinen

PARSIFAL

wendet sich um und blickt mit sanfter Entzückung auf Wald und Wiese, welche jetzt im Vormittags-lichte leuchten

Wie dünkt mich doch die Aue heut so schön!
Wohl traf ich Wunderblumen an,
die bis zum Haupte süchtig mich umrankten,
doch sah ich nie so mild und zart
die Halme, Blüten und Blumen,
noch duftet' All' so kindisch hold,
und sprach so lieblich traut zu mir.

GURNEMANZ

Das ist Charfreitags Zauber, Herr.

PARSIFAL

O wehe, des höchsten Schmerzentags!
Da sollte, wähn ich, was da blüht,
was atmet, lebt und wieder lebt,
nur trauern – ach! – und weinen?

GURNEMANZ

Du siehst, das ist nicht so.
Des Sünders Reuetränen sind es,
die heut mit heil'gem Tau
beträufet Flur und Au:
der liess sie so gedeihen.
Nun freut sich alle Kreatur
auf des Erlösers holder Spur,
will ihr Gebet ihm weihen.
Ihn selbst am Kreuze kann sie nicht erschauen;
da blickt sie zum erlösten Menschen auf:
der fühlt sich frei von Sündenlast und Grauen,
durch Gottes Liebesopfer rein und heil.
Das merkt nun Halm und Blume auf den Auen,
dass heut des Menschen Fuss sie nicht zertritt,
doch wohl – wie Gott mit himmlischer Geduld
sich sein erbarmt und für ihn litt –
der Mensch auch heut in frommer Huld
sie schont mit sanftem Schritt.

Das dankt dann alle Kreatur,
was all da blüht und bald erstirbt,
da die entsündigte Natur
heut ihren Unschuldstag erwirbt...
Kundry hat langsam wieder das Haupt erhoben und blickt, feuchten Auges, ernst und ruhig bittend zu Parsifal auf
PARSIFAL
Ich sah sie welken, die einst mir lachten;
ob heut sie nach Erlösung schmachten?
Auch deine Träne ward zum Segenstaue:
du weinest, – sieh! es lacht die Aue!
Er küsst sie sanft auf die Stirne. Glockengeläute, wie aus weiter Ferne
GURNEMANZ
Mittag: –
die Stund ist da.
Gestatte, Herr, dass dein Knecht dich geleite!
Gurnemanz hat seinen Gralsritter-Mantel herbeigeholt: er und Kundry bekleiden Parsifal damit. – Parsifal ergreift feierlich den Speer und folgt mit Kundry dem langsam geleitenden Gurnemanz. Die Gegend verwandelt sich sehr allmählich, ähnlicher Weise wie im ersten Aufzuge, nur von rechts nach links. Nachdem die Drei eine Zeitlang sichtbar geblieben, verschwinden sie gänzlich, als der Wald sich immer mehr verliert und dagegen Felsengewölbe näher rücken. – Dunkle gewölbte Gänge. Anwachsendes Glockengeläute. - Die Felswände öffnen sich, und die grosse Grals-Halle, wie im ersten Aufzuge, nur ohne die Speisetafeln, stellt sich wieder dar. Düstere Beleuchtung. – Von der einen Seite ziehen die Titurels Leiche im Sarge tragenden Ritter herein; von der anderen Seite die Amfortas im Siechbette geleitenden, vor diesem der verhüllte Schrein mit dem Grale
ERSTER ZUG
mit dem Gral und Amfortas
Geleiten wir im bergenden Schrein.
den Gral zum heiligen Amte,
wen berget ihr im düst'ren Schrein,
und führt ihr trauernd daher?
Während die beiden Züge an einander vorbeischreiten
ZWEITER ZUG
mit Titurels Sarge
Es birgt den Helden der Trauerschrein,
er birgt die heilige Kraft,
der Gott einst selbst zur Pflege sich gab:
Titurel führen wir her.
ERSTER ZUG
Wer hat ihn gefällt, der, in Gottes Hut,
Gott selbst einst beschirmte?
ZWEITER ZUG
Ihn fällte des Alters siegende Last,
da den Gral er nicht mehr erschaute.
ERSTER ZUG
Wer wehrt' ihm des Grales Huld zu erschauen?
ZWEITER ZUG
Den dort ihr geleitet, der sündige Hüter.
ERSTER ZUG
Wir geleiten ihn heut, weil heut noch einmal
– zum letzten Male! –
will des Amtes er walten.

Amfortas ist jetzt auf das Ruhebett hinter dem Gralstische niedergelassen, und der Sarg davor niedergesetzt worden. Die Ritter wenden sich mit dem Folgenden an Amfortas

ZWEITER ZUG

Wehe! Wehe! Du Hüter des Grals!
Zum letzten Mal
sei des Amtes gemahnt!

AMFORTAS

sich matt ein wenig aufrichtend
Ja – Wehe! Wehe! Weh über mich!
So ruf ich willig mit euch.
Williger nähm ich von euch den Tod, –
der Sünde mildeste Sühne!

Der Sarg wird geöffnet. Beim Anblick der Leiche Titurels bricht Alles in einen jähen Wehruf aus

AMFORTAS

von seinem Lager sich hoch aufrichtend, zur Leiche gewendet
Mein Vater! –
Hochgesegneter der Helden!
Du Reiner, dem einst die Engel sich neigten:
der einzig ich sterben wollt,
dir – gab ich den Tod!
Oh! der du jetzt in göttlichem Glanz
den Erlöser selbst erschaust,
erflehe von ihm, dass sein heiliges Blut –
wenn noch einmal heut sein Segen
die Brüder soll erquicken,
wie ihnen neues Leben –
mir endlich spende den Tod!
Tod! Sterben...
Einz'ge Gnade!
Die schreckliche Wunde, das Gift, ersterbe,
das es zernagt, erstarre das Herz!
Mein Vater! Dich ruf ich –
rufe du ihm es zu:
»Erlöser, gib meinem Sohne Ruh!«

DIE RITTER

drängen sich näher an Amfortas heran
Enthülle den Gral!
Walte des Amtes!
Dich mahnet dein Vater:
du musst, du musst!

AMFORTAS

springt in wütender Verzweiflung auf und stürzt sich unter die zurückweichenden Ritter
Nein! – Nicht mehr! – Ha!
Schon fühl ich den Tod mich umnachten,
und noch einmal sollt ich ins Leben zurück?
Wahnsinnige!
Wer will mich zwingen zu leben,
könnt ihr doch Tod mir nur geben?
Er reisst sich das Gewand auf Hier bin ich, – die off'ne Wunde hier!

Das mich vergiftet, hier fliesst mein Blut:
heraus die Waffe! Taucht eure Schwerte

tief, tief – bis ans Heft! –
Auf! Ihr Helden:
tötet den Sünder mit seiner Qual,
von selbst dann leuchtet euch wohl der Gral!...
Alles ist scheu vor Amfortas gewichen, welcher, in furchtbarer Ekstase, einsam steht. – Parsifal ist, von Gurnemanz und Kundry begleitet, unvermerkt unter den Rittern erschienen, tritt jetzt hervor und streckt den Speer aus, mit dessen Spitze er Amfortas' Seite berührt

PARSIFAL
Nur eine Waffe taugt:
die Wunde schliesst
der Speer nur, der sie schlug.
Amfortas' Miene leuchtet in heiliger Entzückung auf; er scheint vor grosser Ergriffenheit zu schwanken; Gurnemanz stützt ihn
Sei heil, entsündigt und gesühnt!
Denn ich verwalte nun dein Amt.
Gesegnet sei dein Leiden,
das Mitleids höchste Kraft
und reinsten Wissens Macht
dem zagen Toren gab! –
Parsifal schreitet nach der Mitte, den Speer hoch vor sich erhebend Den heil'gen Speer –

ich bring ihn euch zurück! –
Alles blickt in höchster Entzückung auf den emporgehaltenen Speer, zu dessen Spitze aufschauend, Parsifal in Begeisterung fortfährt
Oh! Welchen Wunders höchstes Glück!
Der deine Wunde durfte schliessen,
ihm seh ich heil'ges Blut entfliessen
in Sehnsucht nach dem verwandten Quelle,
der dort fliesst in des Grales Welle!
Nicht soll der mehr verschlossen sein: –
Enthüllet den Gral – öffnet den Schrein!

Parsifal besteigt die Stufen des Weihtisches, entnimmt dem von den Knaben geöffneten Schreine den Gral und versenkt sich, unter stummem Gebete, kniend in seinen Anblick. – Allmähliche sanfte Erleuchtung des Grales. – Zunehmende Dämmerung in der Tiefe bei wachsendem Lichtscheine aus der Höhe

ALLE
mit Stimmen aus der mittleren sowie der höchsten Höhe
Höchsten Heiles Wunder:
Erlösung dem Erlöser!

Lichtstrahl: hellstes Erglühen des Grales. Aus der Kuppel schwebt eine weisse Taube herab und verweilt über Parsifals Haupte. Kundry sinkt, mit dem Blicke zu ihm auf, vor Parsifal entseelt langsam zu Boden. Amfortas und Gurnemanz huldigen kniend Parsifal, welcher den Gral segnend über die anbetende Ritterschaft schwingt. Der Bühnenvorhang wird langsam geschlossen

Made in the USA
Monee, IL
07 July 2026